Diese Lesemaus gehört:

_____

Die besten Tierkinder-Geschichten

Liebe Eltern,

Lesen ist wichtig für die erfolgreiche Entwicklung Ihres Kindes. Lernen und Verstehen, Einkaufen oder Surfen im Internet – nichts geht ohne Lesen.

Der erste Weg zum Lesen führt über das gemeinsame Anschauen und Vorlesen von Bilderbüchern. **Vorlesen ist die beste Leseförderung für Ihr Kind**, denn

- Vorlesen fördert die Nähe zu Ihrem Kind.
- Vorlesen schult die sprachliche Entwicklung Ihres Kindes.
- Vorlesen weckt in Ihrem Kind die Freude am Lesen.

Lesen Sie Ihrem Kind vor!
Ideal sind täglich 15–20 Minuten gemeinsame Vorlesezeit an einem gemütlichen Ort. Wichtig ist außerdem, dass Kinder die richtigen Bücher im richtigen Alter erhalten.
Die Reihe LESEMAUS bietet viele spannende Bilderbuchgeschichten, insbesondere für Kinder im Vorlesealter.

Ihnen und Ihrem Kind viel Spaß beim Vorlesen!

Prof. Dr. Dagmar Bergs-Winkels
HAW Hamburg, Fakultät Wirtschaft und Soziales
Studiengang Bildung und Erziehung in der Kindheit

Die besten Tierkinder-Geschichten

INHALTSVERZEICHNIS

1 Janko, das kleine Wildpferd
Eine Geschichte von Ria Gersmeier
mit Bildern von Susanne Laschütza

2 Finn, der junge Delfin
Eine Geschichte von Annette Neubauer
mit Bildern von Astrid Vohwinkel

3 Von der Raupe zum Schmetterling
Eine Geschichte von Sabine Choinski und
Gabriela Krümmel
mit Bildern von Susanne Laschütza

4 Dreihorn, der kleine Dinosaurier
Eine Geschichte von Imke Rudel
mit Bildern von Johann Brandstetter

5 Molli, das kleine Schaf
Eine Geschichte von Sabine Choinski
und Gabriela Krümmel
mit Bildern von Susanne Laschütza

6 Kleiner Kater Leo
Eine Geschichte von Ria Gersmeier
mit Bildern von Miriam Tschubel

Janko, das kleine Hengstfohlen, kommt im Frühling zur Welt.
Elf Monate ist Janko im warmen Bauch der Mutter herangewachsen.
Nun liegt er nass und erschöpft auf dem Boden, am Rande einer blühenden Wiese.
Die Pferdemutter leckt ihr Kind so lange, bis sein Fell trocken ist.
Sie nimmt so den Geruch des Kleinen auf und kann ihn dann später immer wiedererkennen.

Das kleine Fohlen versucht sich aufzurichten. Es ist aber gar nicht so einfach, sich auf vier Beine zu stellen. Immer wieder knickt ein Bein ein und es fällt um. Wie ist das anstrengend!
Endlich steht Janko leicht schwankend vor der Mutter. Er findet schnell das Euter und trinkt mit großen Schlucken die Milch. Mindestens ein halbes Jahr, meist noch länger, wird ein Fohlen von der Mutter gesäugt.
Alle Pferde, die zur Familiengruppe gehören, schauen sich neugierig den Familienzuwachs an.

Das kleine Hengstfohlen beobachtet die Mutter beim Grasen. Ruhig rupft die Stute Grasbüschel um Grasbüschel. Das will das kleine Fohlen auch probieren. Aber es ist gar nicht so einfach, mit dem Maul bis zum Boden zu gelangen, wenn man so lange Beine hat. Milch trinken bei der Mutter ist da doch leichter. Danach will Janko schmusen. Sein aufforderndes Stupsen bringt die Mutter dazu, ihm liebevoll über das Köpfchen zu lecken. Dann ist aber Mutters Schweif viel interessanter. Kräftig beißt Janko hinein und zieht an den Haaren. Die Pferdemutter ist geduldig. Schließlich lässt das Fohlen von ihr ab und beginnt im Kreis um sie herum zu traben. Was für ein Spaß!

Jetzt fordert das Pferdekind die Mutter zum Spielen auf.
Dabei legt es sein Vorderbein auf ihren Nacken und schubst sie
ungeduldig. Die Stute dreht ihre Ohren seitlich und das bedeutet:
„Wir spielen".
Übermütig galoppieren die beiden über die Wiese. Ein paar
von den anderen Pferden schauen ihnen hinterher. Das dumpfe
Dröhnen der trampelnden Pferdehufe ist nicht zu überhören.

Das Fohlen weiß, dass es sehr viel fressen muss, um genügend Nährstoffe aufzunehmen und zu wachsen. Schon in der Morgendämmerung beginnen die ersten Tiere der Gruppe zu grasen. Das geht den ganzen Tag so, bis in die Nacht hinein. Am liebsten frisst Janko Gras, aber auch Kräuter werden nicht verschmäht. Wenn die Weide abgegrast ist, zieht die Gruppe ein Stück weiter. Zwischendurch gibt es Ruhepausen, die die Pferde am liebsten auf einem Hügel verbringen. So haben sie den Überblick über die Gegend und können Gefahren schneller ausmachen.
Die Pferdemutter ruht tagsüber im Stehen. Das Fohlen und all die anderen Kleinen schlafen lang ausgestreckt auf der Wiese. Vom Spielen und Herumjagen sind sie ziemlich müde.

Die Ruhepause ist vorbei. Die Stuten fordern sich gegenseitig zur Fellpflege und zum Kraulen auf. Sie stecken ihre Köpfe zusammen und reiben sich die langen Hälse. Mit den Zähnen knabbern sie wechselseitig am Hals entlang und in den Mähnen. Währenddessen wälzt sich das Hengstfohlen übermütig auf dem Rücken hin und her. Plötzlich steht eine Stute aus einer anderen Familie vor Janko. Sie beschnuppert ihn, lockt das Fohlen und will sich mit ihm davonmachen. Als die Pferdemutter das bemerkt, kommt sie heran und warnt die fremde Stute mit nach hinten gelegten Ohren.
Das bedeutet: „Pass bloß auf!"
Janko trabt zu seiner Mutter und die andere Stute zieht allein ab.

Jetzt fordert die Leitstute die Familienmitglieder mit leisem Wiehern auf, gemeinsam zur Wasserstelle zu laufen. Janko spielt gerade mit einem anderen Pferdekind und denkt nicht daran, sich der Gruppe anzuschließen. Da muss die Mutter ihn erst kräftig in die Seite knuffen, bis er gehorcht und mitgeht.

Auf dem Weg zur Wasserstelle kommen die Pferde an einer Gruppe alter Stuten vorbei. Sie stehen gern zusammen im Schatten der Bäume und ruhen sich aus. Mit ihren kräftig schlagenden Schweifen vertreiben sie sich gegenseitig die Fliegen.
Eine junge Stute mit einem Fohlen grast in ihrer Nähe. Sie will auch zur Wasserstelle gehen und zieht die alten Pferde mit. In einer Reihe, dicht hintereinander, folgen sie den anderen.

Janko ist zu einem kräftigen jungen Hengst herangewachsen. Er befindet sich jetzt im Flegelalter. Temperamentvoll und mit schwungvollem Trab läuft er über die Wiese. Zusammen mit zwei anderen aus der Junghengstgruppe will er einen kleinen Wettlauf veranstalten.

In zügigem Galopp rennen die drei durch einen feuchten Graben. Die Dreckklumpen wirbeln nur so durch die Luft. Das macht Spaß! Nach dem Toben kommen die Wildlinge völlig verschmutzt aus dem Graben heraus. Von dem glänzenden Fell ist nicht mehr viel zu sehen.

Mit den anderen Junghengsten misst der kleine Hengst
auch seine Kräfte. Er drängt sich dicht an seinen Mitspieler
heran. Dann steigen beide auf ihren Hinterbeinen hoch
und fletschen die Zähne mit weit zurückgelegter Oberlippe.
Manchmal wird auch noch gebissen und mit den Hufen
ausgeschlagen. Der kleine Hengst ist diesmal der Stärkere.
Der Unterlegene wiehert zaghaft und trabt davon.

Zum Winter bekommt Janko ein zotteliges Winterfell. Die Haare wachsen bis auf zehn Zentimeter Länge heran und schützen ihn so vor grimmiger Kälte. Bei solcher Witterung sucht die Herde Schutz im Wald. Im Dickicht sind die Tiere kaum zu sehen und vor dem eisigen Wind geschützt.

Der kleine Hengst scharrt mit seinen Hufen den Schnee zur Seite und frisst das trockene Gras und auch ein wenig Moos. Er ist gesund und widerstandsfähig und kann so auch Frost und Eis trotzen. Und im nächsten Sommer wird er als großes Wildpferd gemeinsam mit seiner Familie über die Wiesen galoppieren.

Wissenswertes über Wildpferde

In Europa gibt es kaum noch wild lebende Pferdeherden. Die bekanntesten sind die Camargue-Pferde in Frankreich, eine Herde tarpanähnlicher Wildpferde in Polen und in Deutschland die Pferde im Merfelder Bruch in der Nähe von Dülmen. Dort lebt auch Janko.

Diese Herde hat mehr als 300 Tiere. Sie leben auf einem ca. 350 ha großen Privatgelände des Herzogs von Croy unter natürlichen Lebensbedingungen: Sie werden nicht gefüttert und haben keinen Stall, wo sie Unterschlupf finden könnten. Sie stammen von einer Herde Wildpferde der Region ab, die sich mit verwilderten Hauspferden vermischt hat. Der Lebensraum im Merfelder Bruch ist begrenzt. Die Herde darf nicht größer werden. Einmal im Jahr veranstaltet der Herzog von Croy deshalb eine Auktion, auf der die einjährigen Hengste aus der Herde herausgefangen und verkauft werden.

Wir kennen Pferde meist als Reitpferde, die überwiegend im Stall stehen und regelmäßig geritten werden. Dabei leben Pferde, wenn sie nicht gezähmt und an den Menschen gewöhnt werden, ganz anders. Sie befinden sich in einem Familienverband mit dem Leithengst, der Leitstute und einigen anderen Stuten, deren Fohlen und älteren Kindern. Zu einem solchen Verband können 20 oder noch mehr Pferde gehören.

Mehrere Familienverbände leben in relativer Nähe zueinander, denn ihr Revier grenzen wilde Pferde nicht sehr scharf ab, wenn die Gegend genügend Nahrung bietet.

Pferde pflegen Freundschaften untereinander. Neben den Familien gibt es noch die Junggesellengruppe, die überwiegend aus Junghengsten, die noch keine eigene Stute gefunden haben, besteht.

2

Finn, der junge Delfin

Ein Delfinbaby wird geboren. Das ist Finn. Sofort bringt seine Mutter ihn zum Atmen an die Wasseroberfläche.

Ein anderes Delfinweibchen hilft ihr dabei. Vorsichtig stupsen und schieben sie Finn nach oben. Über Wasser holt das kleine Delfinkalb zum ersten Mal Luft. Obwohl Finn im Meer lebt, ist er kein Fisch! Er gehört zu den Säugetieren, genau wie Hunde, Katzen und Menschen. Bei seiner Geburt ist er schon vollständig entwickelt. Seine Mutter säugt ihn mehrere Monate lang mit Milch.

Finn lebt mit seiner Mutter und vielen weiteren Delfinen zusammen in einer Gruppe.

Finn atmet nicht mit Kiemen. Genau wie die anderen Delfine schwimmt er regelmäßig an die Wasseroberfläche. Dort holt er Luft, um seine Lungen mit Sauerstoff zu füllen. Dafür öffnet der Delfin das Blasloch auf seinem Kopf.

Wenn Finn über dem Wasser nicht gesehen werden will, steckt er nur den oberen Teil seines Kopfes aus dem Meer. Bevor er wieder untertaucht, schließt er das Blasloch. So dringt kein Wasser ein.

Finn spielt oft mit den anderen Delfinen im Meer. Während die Delfinkälber um die Wette schwimmen und aus dem Wasser springen, werden sie von ihren Müttern beschützt.

Die Delfine verständigen sich miteinander durch Schnattern, Pfeifen, Schnalzen und andere Geräusche. Wenn sich die Delfinjungen freuen oder ärgern, pfeifen sie und stoßen helle Klickgeräusche aus.

Nachts schläft Finn nicht. Er treibt neben seiner Mutter nahe an der Wasseroberfläche und döst vor sich hin. Ein Teil seines Gehirns bleibt immer wach. Denn Delfine müssen auch nachts auftauchen, um Luft zu holen.

Mit der Zeit wird Finn größer. Er ist jetzt alt genug, um sich selbst von Fischen und Krebsen zu ernähren. Seine Rückenflosse, die Finne, und seine Schwanzflosse, die Fluke, sind ausgewachsen. Finn ist ein neugieriger junger Delfin geworden, der seine Umgebung erkunden will.

Finn macht gern Ausflüge ins
tiefe Meer. Dort herrscht Finsternis
und Finn kann mit seinen Augen
nichts erkennen.
Deswegen erzeugt er ein lautes Klicken und
sendet dadurch Schallwellen durch das Wasser.
Treffen die Schallwellen auf ein Riff oder auf ein Tier,
kommen sie zu Finn zurück. An diesem Echo kann er
seine Umgebung erkennen und weiß immer, wo er ist.

Heute entfernt sich Finn weiter als sonst von seiner Gruppe. Er taucht auf, um zu atmen. Als er den Kopf aus dem Wasser streckt, sieht er ein Boot. Finn beobachtet, was auf dem Boot passiert. Dabei bleibt er mit dem Körper unter Wasser, damit er selbst nicht gesehen wird.

Auf dem Boot spielen zwei Kinder mit einem Ball. Fröhlich wirft der Junge den Ball hoch in die Luft. Da! Der Ball ist ins Wasser gefallen. Finn taucht schnell unter. Als er wieder auftaucht, balanciert er den Ball auf der Schnauze. Er taucht noch einmal. Dann springt er mit einem Satz aus dem Meer und schleudert den Ball in Richtung des Bootes.

Der Ball fliegt direkt auf die Kinder zu. Der Junge und das Mädchen schauen staunend aufs Meer. Da entdecken sie Finn, der zu ihnen zurückblickt, während er auf hohen Wellen reitet. Übermütig lässt Finn sich mit dem Rücken aufs Wasser fallen. Dabei schnattert er laut. Die Kinder winken ihm zu. Finn winkt mit den Flossen zurück und bewegt sich mit schnellen Bewegungen rückwärts. Seine glatte Haut funkelt in der Sonne.

Finn springt ein letztes Mal hoch. Er dreht sich wie ein Kreisel um sich selbst, bevor er wieder mit einem lauten Platsch im Wasser landet. Anmutig gleitet der Delfin zurück zu seiner Gruppe, die schon auf ihn wartet.

Wissenswertes über Delfine

Sind Delfine Fische?
Delfine gehören nicht zu den Fischen, sondern zu den Walen und sind Säugetiere. Sie haben eine Lunge und müssen regelmäßig an die Wasseroberfläche, um zu atmen.

Wie kommen Delfine auf die Welt?
Delfine legen keine Eier, sondern gebären ihre Kinder lebend. Meistens bekommt die Delfinkuh nur ein Junges. Während der Geburt schwimmen andere Delfine um die Mutter herum und wehren Angreifer ab. Ist das Delfinkalb geboren, muss es schnell an die Wasseroberfläche, um die Lungen mit Sauerstoff zu füllen.

Können Delfine sprechen?
Delfine schnattern und geben Pfeif- und Klicklaute von sich. Damit drücken sie Freude und Schmerzen aus oder warnen ihre Artgenossen vor drohender Gefahr.

Wie orientieren sich Delfine unter Wasser?
Delfine erzeugen unter Wasser laute Klickgeräusche und senden dabei Schallwellen aus. Die Schallwellen werden von jedem Gegenstand oder Lebewesen im Wasser zurückgeworfen wie ein Echo. Durch dieses Echo können Delfine ihre Umgebung „abtasten" und Hindernisse im Wasser wahrnehmen, ohne sie zu berühren.

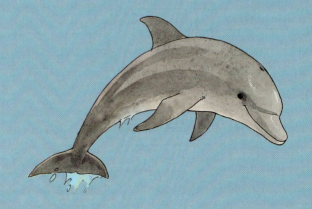

3

An einem warmen Tag im Mai hängen unter einem Brennnesselblatt auf der Wiese viele hellgrüne Eier. Sie sehen aus wie Stachelbeeren. Aber ein Ei ist nur ungefähr so groß wie ein Stecknadelkopf.

Nach zwei Wochen schlüpfen aus den Eiern kleine Raupen. Eine davon ist Mimi.

Das Schlüpfen war anstrengend. Mimi hat großen Hunger und frisst die Eihülle auf. Danach hat die kleine Raupe immer noch Hunger. Mit ihren scharfen Kiefern knabbert sie das grüne Brennnesselblatt an.

Im Nu haben die Raupen das Blatt bis auf den Stiel aufgefressen. Aber Mimi und ihre Geschwister sind immer noch nicht satt. Sie fressen weiter: noch ein Blatt und noch eines.

Dabei spinnen die Raupen feine weiße Fäden, die wie ein Netz zwischen den Resten der Blätter hängen bleiben. Auf diesem Gespinst können die Raupen zu den anderen Blättern kriechen.

Mimi will nichts als fressen, fressen, fressen!

Die kleine Raupe wächst jeden Tag ein Stück. Sie wird dicker und dicker. In ihrer Haut wird es Mimi bald zu eng. So eng, dass die Haut eines Tages aufplatzt.

Die Raupe krabbelt aus ihrer alten Haut heraus und hat nun eine dunklere Farbe. Ihr Körper ist mit dornigen Borsten besetzt. So ist sie besser geschützt.

Mimi bleibt in einer Gruppe mit anderen kleinen Raupen zusammen. So ist sie sicher vor Feinden. In der Gruppe sehen die Raupen viel größer aus. Etwas, das so groß wirkt, greifen Vögel lieber nicht an.

Mimi frisst immer weiter. Noch dreimal häutet sich die Raupe. Jedes Mal wird sie ein bisschen größer. Beim Fressen entfernen sich die Raupen immer weiter voneinander. Plötzlich fällt ein Schatten auf Mimi. Ein großer Vogel, eine Amsel, hat sich herangeschlichen und versucht, die Raupe mit seinem spitzen Schnabel aufzupicken.

Blitzschnell lässt Mimi sich von dem Blatt herunterfallen – die Amsel hat sie nicht erwischt. Die Raupe verschwindet im dichten Gras. Das ist gerade noch mal gut gegangen.

Heute fühlt sich Mimi seltsam. Sie ist nicht mehr hungrig. Das Herumkrabbeln fällt ihr schwer. Die Raupe wünscht sich ein ruhiges sicheres Plätzchen. Mimi findet einen geschützten Zweig, an dem die Vögel sie nicht entdecken können.

Mit einem Seidenfaden befestigt sich Mimi an dem Zweig. Reglos hängt sie da und ruht sich aus. Ihre Haut wird ganz schrumpelig. Nach einigen Tagen streift Mimi ihre schwarze Raupenhaut ab. Darunter hat sich eine neue Hülle gebildet. Aus der Raupe ist eine Puppe geworden.

Nach einigen Stunden ist die Puppenhülle ganz hart geworden. Darin verwandelt sich Mimi ein letztes Mal. In der Puppenruhe spürt sie nicht, wie der Wind über sie weht. Sie bemerkt auch die Regentropfen nicht, die auf sie fallen.

Nach zwei Wochen schimmert es dunkel durch die Hülle hindurch. Plötzlich reißt die Hülle ein wenig auf und öffnet sich. Mühsam schlüpft Mimi aus ihrer Puppenhülle.

Das Schlüpfen war anstrengend! Erschöpft hält sich Mimi mit den Beinen an ihrer alten Puppenhülle fest. Ihre Flügel sind noch ganz feucht und hängen schlaff herunter. Langsam pumpt Mimi ihr farbloses Blut in die Flügel, damit sie sich entfalten und trocknen können.

Mimi ist ein wunderschöner Schmetterling geworden!
Ihre Flügel schimmern in der Sonne. Sie sind mit
winzigen Schuppen bedeckt.
Wie Dachziegel liegen sie
übereinander. Jede Schuppe
hat eine eigene Farbe.

Auf ihren rotbraunen Flügeln leuchten vier bunte Augenflecken. So ähnlich wie bei einem Pfau sieht das aus. Daher hat Mimi auch ihren Familiennamen: Sie ist ein Tagpfauenauge. Wenn sie die Flügel aufklappt, erschrecken Feinde vor den großen bunten Augenflecken.

Die Flügelunterseiten sind dagegen ganz unauffällig und dunkel.
Mit zugeklappten Flügeln ist Mimi gut getarnt.

Mimis Flügel sind jetzt von der Sonne schön gewärmt. Sie breitet ihre Flügel aus und startet zu ihrem ersten Flug über die bunte Blumenwiese.

Mimi flattert hin und her, von Blüte zu Blüte. Mit ihrem langen Rüssel saugt sie wie mit einem Strohhalm den Nektar aus den Blüten heraus.

Der Sommer geht langsam zu Ende. Mimi wird müde und träge. Sie sucht sich eine geschützte Stelle, an der sie überwintern kann.

Erst im Frühling wird Mimi wieder wach und fliegt aus ihrem Versteck heraus.

Im Frühsommer paart Mimi sich mit einem Schmetterlingsmännchen und sucht eine Brennnesselpflanze. Unter einem Blatt legt sie viele kleine Eier ab. Und dann ... fängt alles wieder von vorne an!

Wissenswertes über Schmetterlinge

Die Verwandlung vom kleinen Ei zur stacheligen Raupe und bis zum zarten Schmetterling nennt man auch Metamorphose. Beim Tagpfauenauge dauert diese Entwicklung etwa acht Wochen.

Der Körper der Raupe besteht aus dreizehn Gliedern mit sechzehn Beinen! Der Schmetterling hat sechs Beine und einen dreigeteilten Körper. Seine Flügel sind mit winzigen bunten Schuppen bedeckt. Mit seinen langen Fühlern kann der Schmetterling gut riechen.

Die Raupen des Tagpfauenauges fressen am liebsten Brennnesselblätter. Die Schmetterlinge saugen gern an Weidenblüten oder Huflattich. Im Sommer mögen sie am liebsten rote oder violette Blüten wie die von Disteln oder Sommerflieder.

Der Schmetterling fliegt von einer Blüte zur nächsten und trägt dabei den Blütenstaub weiter, der an ihm haften bleibt. Durch diese Bestäubung können die Pflanzen sich fortpflanzen.

Das Tagpfauenauge überwintert in Höhlen, Stallungen, Kellerräumen oder ähnlichen geschützten Orten. Im Frühling erscheint es als einer der ersten Tagfalter des Jahres.

Viele Schmetterlingsarten sind vom Aussterben bedroht. Daher sollte man Schmetterlinge nicht jagen oder fangen.

4

Dreihorn,
der kleine Dinosaurier

Im Land der Dinosaurier geht die Sonne auf. Ihre Strahlen wärmen Dreihorn und er wacht langsam auf. Dreihorn ist ein junger Triceratops. Das bedeutet Dreihorngesicht. Dreihorn hat wirklich drei Hörner: ein kleines über dem Schnabel und zwei über den Augen. Um den Hals trägt er eine Nackenkrause. Sie ist ein guter Schutz vor Angriffen.

Mit seinen Eltern und Geschwistern lebt Dreihorn in einer Herde.

Dreihorn ist ein Pflanzenfresser. Mit seinem kräftigen Schnabel kann er auch die dicksten Blätter der Bäume abzwicken.

Wo Dreihorn lebt, wachsen Farnkraut und Palmen und Nadelbäume.
Auf der Suche nach Futter wandert die Herde den ganzen Tag herum.
Ein Dinosaurier braucht viele Blätter, um satt zu werden.

Am Abend erreicht die Herde einen Fluss. Endlich! Dreihorn hat
richtig Durst.

Am Fluss sind schon viele andere Dinosaurier. Als Dreihorn genug getrunken hat, schaut er sich um. Direkt neben seiner Herde steht eine Gruppe von Edmontosauriern. Sie gehören zu den Entenschnabel-Dinosauriern. Dreihorn hat keine Angst vor ihnen. Sie sind auch Pflanzenfresser, so wie er.

Plötzlich hebt einer den Kopf und macht ein sehr lautes Geräusch. Es klingt wie eine Warnung. Was hat er gewittert?

Jetzt schauen alle Dinosaurier zu den Felsen hinüber. Dreihorn reckt seinen Kopf, aber er kann nichts erkennen. Die großen Tiere aus seiner Herde haben sich vor ihn gestellt! Sie stehen eng nebeneinander und bilden eine dichte Mauer. Sie wollen Dreihorn schützen.

Dreihorn kann nichts sehen. Aber er spürt, wie die Erde anfängt zu beben. Da macht er sich ganz klein und schaut zwischen den Beinen der anderen hindurch.

Nun kann Dreihorn etwas erkennen: Ein Tyrannosaurus Rex greift an! Er hat sich hinter den Felsen versteckt und dort auf sein Abendessen gelauert. Jetzt kommt er angerannt.

Ein Tyrannosaurus ist viel größer als ein Triceratops. Er kommt Dreihorn riesig vor. Aber die großen Dinosaurier seiner Herde haben sich rechtzeitig aufgestellt. So können Sie die Herde mit ihren langen, spitzen Hörnern verteidigen.

Kurz bevor er die Herde erreicht, hält der Tyrannosaurus an. Einen jungen Triceratops kann er heute nicht erbeuten. Hungrig schaut er sich nach einem anderen Opfer um.

Die Edmontosaurier sind inzwischen in den Fluss gesprungen. Sie sind schon fast am anderen Ufer. Dort sind sie sicher.
Da sieht Dreihorn den Ankylosaurus. Ganz allein steht er am Fluss und trinkt. Auch der Tyrannosaurus hat ihn gesehen und läuft los.

Der Ankylosaurus ist fast so groß wie Dreihorns Eltern. Aber er hat nur ganz kleine Hörner auf dem Kopf und auf dem Rücken. Dafür ist sein Körper mit dicken, steifen Hautplatten bedeckt. Diese Platten bilden einen richtigen Panzer. Und am Ende seines langen Schwanzes hat er eine dicke Keule aus Knochen.

Der Ankylosaurus trinkt ruhig weiter. Hört er den Tyrannosaurus gar nicht?
Dreihorn will ihn warnen. Er versucht, ein lautes Geräusch zu machen. Endlich hebt der Ankylosaurus den Kopf.

Es ist viel zu spät zum Weglaufen. Der Tyrannosaurus hat ihn fast erreicht. Der Ankylosaurus hat gerade noch Zeit, mit seinem Schwanz auszuholen. Wie eine Peitsche schlägt er ihn auf das Bein des Angreifers. Das war ein Volltreffer! Humpelnd zieht sich der Tyrannosaurus hinter die Felsen zurück.
Heute wird er niemanden mehr fressen. Der Ankylosaurus ist gerettet.
Gut gemacht, Dreihorn!

Hier siehst du die Dinosaurier aus der Geschichte:

Triceratops

Der Triceratops gehörte zu den Horndinosauriern. Er lebte von vor 70 Millionen bis vor 65 Millionen Jahren in Nordamerika. Er gehörte zu den Pflanzenfressern. Ein erwachsener Triceratops war größer als ein Elefant. Er konnte neun Meter lang werden! Sein Name „Dreihorn-Gesicht" kommt von den drei Hörnern: Er hatte ein kurzes, dickes Horn auf der Nase und zwei lange Hörner über den Augen, die über einen Meter lang werden konnten.

Edmontosaurus

Der Edmontosaurus war auch ein Pflanzenfresser. Er wurde viel größer als ein Triceratops. Er hatte zwar keine scharfen Krallen oder Hörner, um sich zu verteidigen, aber dafür konnte er sehr schnell rennen. Das Maul des Edmontosaurus war von einem Hornschnabel umgeben. Und im Maul hatte er mehrere Hundert Zähne! Mit denen konnte er die vielen Pflanzen, die er fraß, sehr gut zerkleinern.

Tyrannosaurus Rex

Sein Name bedeutet „Königliche Tyrannenechse". Im Durchschnitt wurde er 12 Meter lang, 6 Meter hoch und an die 7 Tonnen schwer. Sein Kopf war über 1,25 Meter lang und seine Zähne erreichten eine Länge von 15 Zentimetern. Er war eines der größten Landraubtiere aller Zeiten und hat sich von anderen Tieren ernährt.

Ankylosaurus

Der Ankylosaurus hatte fast am ganzen Körper Panzerplatten und trug eine dicke Keule an seinem Schwanz. Er wurde bis zu 10 Meter lang und wog wohl ungefähr 4,5 Tonnen. Ankylosaurier waren ebenfalls Pflanzenfresser. Sein Name bedeutet ungefähr so etwas wie „versteifte Echse".

Molli,
das kleine Schaf

Es ist ein wunderschöner Tag im April. Die Frühlingssonne strahlt warm. Nur einige Schäfchenwolken tummeln sich am blauen Himmel. Eine Schafherde steht auf der Weide und grast. Das frische Grün schmeckt lecker. Sie rupfen das Gras ab und kauen es immer wieder. Ein Schaf steht etwas abseits und atmet schwer. Das ist Martha.

Unter der dicken Wolle ist Marthas runder Bauch zu sehen. Seit fünf Monaten wächst ein Lamm in ihrem Bauch. Martha spürt, dass das Baby jetzt auf die Welt kommen will. Langsam geht sie in den Stall.

Im Stall legt sich Martha auf das frische Stroh. Das Lamm bewegt sich in Marthas Bauch. Martha muss kräftig drücken, damit es herauskommt. Das ist ganz schön anstrengend! Bald ist der Kopf zu sehen. Martha drückt noch einmal ganz fest und – schwups – ist das kleine Lamm da! Das ist Molli. Ihre Wolle ist noch ganz nass von der Geburt.
Molli macht leise „Mäh" und Mama Martha leckt ihr Lamm trocken.

An Mollis Bauch hängt noch die Nabelschnur. Sie wird bald abfallen. Nach kurzer Zeit versucht die kleine Molli aufzustehen. Das ist gar nicht so leicht. Doch dann steht sie auf ihren dünnen Beinchen. Das sieht noch ziemlich wackelig aus! Molli hat Durst. Wo gibt es etwas zu trinken?

Molli sucht bei Mama Martha. Sie gräbt ihren Kopf in die dicke Wolle. Wo ist nur das Euter mit den Zitzen? Molli sucht und sucht. Endlich! Die erste Milch gibt ihr viel Kraft und schmeckt gut.
Bald wird Molli müde und muss sich ausruhen. Sie kuschelt sich an Mama Martha und schläft ein.

Molli ist nun schon eine Woche alt. Heute ist ein großer Tag, sie darf zum ersten Mal aus dem Stall heraus. Martha geht voran. Molli bleibt nahe bei ihrer Mutter. Es gibt so viel zu sehen auf der Weide: andere Schafe mit ihren Lämmern und viele Vögel, die im Gras nach Würmern picken.

Molli ist jetzt jeden Tag draußen. Wenn sie Durst hat, stupst sie mit ihrer Nase an das Euter der Mutter, damit die Milch fließt. Molli probiert auch schon, die saftigen Grashalme abzurupfen. Am liebsten spielt sie mit den anderen Lämmern auf der Weide.

Was ist denn das? Molli steckt ihre Nase ins Gras.
Plötzlich hüpft ein kleines grünes Tier in großen Sprüngen davon.
Erschrocken weicht Molli zurück. Einen Frosch hat sie noch nie gesehen. Laut blökend läuft sie zu ihrer Herde zurück.

Es ist Sommer geworden. Die großen Schafe schwitzen unter ihrer dicken Wolle. Jochen, der Schafscherer, kommt auf die Weide. Er hat eine Maschine dabei, die wie ein Rasierapparat aussieht. Blitzschnell greift er sich Martha und setzt sie auf den Po. So hält das Schaf ganz still.

Jochen schert Martha die ganze Wolle in einem Stück ab. Das tut ihr nicht weh. Als er fertig ist, liegt ein großer Berg Wolle auf der Weide. Martha sieht nun ganz anders aus. Die kleine Molli blökt aufgeregt, weil sie ihre Mutter nicht wiedererkennt. Martha antwortet und läuft schnell zu Molli. Beruhigend schleckt sie ihr über den Kopf.

An einem Abend im Spätsommer grasen die Schafe friedlich auf ihrer Weide. Am Himmel ziehen dunkle Wolken auf. Plötzlich zuckt ein Blitz über der Weide. Lauter Donner grollt. Molli und die anderen Lämmer laufen ängstlich zu ihren Müttern. Alle Schafe drängen sich eng aneinander.

Aus den schwarzen Wolken fallen jetzt dicke Regentropfen. Die kleinen Lämmer suchen Schutz unter den großen Schafen. Der Regen wird immer stärker, aber den Schafen macht das nichts aus: Das Wasser perlt von der Wolle ab.

Der Herbst ist da! Die Blätter der Bäume leuchten in den schönsten Farben. Molli ist groß geworden. Ihre Wolle wird immer dichter. Sie frisst jetzt Gras. Wenn sie Durst hat, trinkt sie Wasser aus einem Trog. Manchmal saugt sie aber auch noch die Milch ihrer Mutter.

Die Schäferin kommt auf die Weide und bringt einen Korb voll roter Äpfel mit. Sie schneidet die Äpfel klein und gibt sie den Schafen. Auch Molli bekommt einige Stückchen ab. Das ist ein Leckerbissen!

Es ist Winter. Auf der Weide ist es bitterkalt. Der Schnee liegt hoch. Alle Schafe haben ihren „Wintermantel" angezogen, die Wolle ist dick nachgewachsen. Mollis Fell ist mit Raureif bedeckt. Sie schnuppert im Schnee: kein Grashalm weit und breit!

Hungrig trabt sie in den warmen Stall zurück. In der Raufe liegt duftendes Heu. Die Schafe liegen im Stroh und kauen. Es ist sehr gemütlich. Molli frisst sich satt und kuschelt sich zufrieden in die Wolle von Mama Martha.

Wissenswertes über Schafe

Schafe können bis zu 15 Jahre alt werden und leben gerne in einer Herde zusammen. Je nach Größe der Herde gibt es ein bis mehrere Böcke – das sind die männlichen Tiere. Die weiblichen Tiere nennt man Schafe, die Kinder Lämmer.

Die Lämmer kommen nach ca. fünf Monaten Tragzeit zur Welt. Die meisten Schafe bekommen zwei Lämmer. Sie können nach kurzer Zeit aufstehen, bei ihrer Mutter trinken und herumlaufen.

Schafe gehören zu den Wiederkäuern. Sie haben vier Mägen und fressen überwiegend Gras, Heu und Kräuter, aber auch Gemüse, Obst und Getreide.

Schafe sind Nutztiere. Früher wurden sie wegen ihrer Milch, der Wolle und des Fleisches gehalten. Heute werden sie vorwiegend zur Landschaftspflege eingesetzt. In Deutschland gibt es neben den bekannten Schafrassen wie Texel und Milchschaf auch viele Landschaftsrassen, wie z.B. das Rauwollige Pommersche Landschaf. Diese Rassen sind sehr robust und können das ganze Jahr über draußen stehen.

Einmal im Jahr – meistens im Mai, wenn es wärmer wird – werden die Schafe geschoren. Die Schafwolle lässt sich spinnen, färben, zu Garnen und Filz verarbeiten.

6

Kleiner Kater
Leo

Die Katze Minka lebt alleine, im Freien. Es geht ihr gut, denn freundliche Menschen stellen ihr immer einen gut gefüllten Futternapf hin. Trotzdem lässt Minka sich nicht anfassen und streicheln. Sie ist eine frei lebende Katze und sie will es bleiben.

Minkas Bauch wird immer runder. Sie weiß, dass sie bald Katzenbabys zur Welt bringen wird. Deshalb sucht sie jetzt ein sicheres Wurflager.
In einer Scheune entdeckt sie einen Weidenkorb, in dem noch eine alte Decke liegt. Genau das Richtige für eine Katzenmutter! Minka markiert den Korb mit ihrer Duftmarke. Das bedeutet: „Der Korb gehört jetzt mir!"

Endlich ist es so weit. Minka hat zwei Katzenmädchen und einen kleinen grau gestreiften Kater geboren. Das ist Leo. Damit die Kleinen nicht frieren, hält die Mutter sie in ihren Pfoten und drückt sie eng an ihren warmen Bauch. Der kleine Kater hat mit seinen Geschwisterchen schnell die Zitzen gefunden und trinkt seine erste Milch.
Die Augen der Katzenbabys sind geschlossen. Sie werden sich erst später öffnen. Jetzt müssen die Kleinen sehr viel Milch trinken und viel schlafen, damit sie groß und kräftig werden. Auch die Katzenmutter schläft.

Trotzdem stellt sie plötzlich ihre Ohren hoch und lauscht. Vor der Scheunentür bellt ein Hund! Minka wird unruhig. Sie darf nicht weglaufen, denn sie kann ihre Jungen nicht alleine lassen. Sie weiß nicht, ob der Hund für ihre noch hilflosen Kinder gefährlich ist. Sie möchte ihre Jungen verstecken. Deshalb packt sie sie mit den Zähnen an der Nackenhaut und bringt ein Katzenkind nach dem anderen in den hinteren Teil der Scheune. In der Schublade einer großen, alten Kommode kuschelt sich die Katzenfamilie eng aneinander.

Die Katzenmutter hört erleichtert, dass der Hund wegläuft.

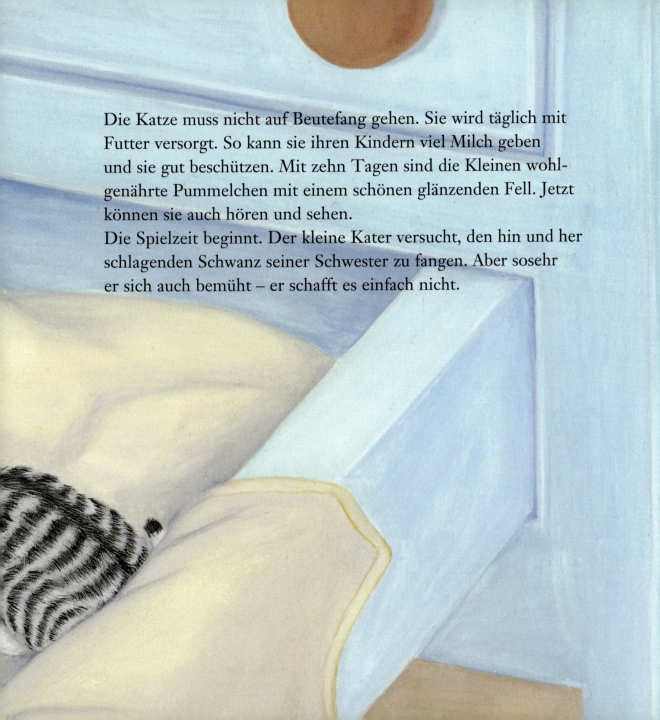

Die Katze muss nicht auf Beutefang gehen. Sie wird täglich mit Futter versorgt. So kann sie ihren Kindern viel Milch geben und sie gut beschützen. Mit zehn Tagen sind die Kleinen wohlgenährte Pummelchen mit einem schönen glänzenden Fell. Jetzt können sie auch hören und sehen.
Die Spielzeit beginnt. Der kleine Kater versucht, den hin und her schlagenden Schwanz seiner Schwester zu fangen. Aber sosehr er sich auch bemüht – er schafft es einfach nicht.

Die Katzenmutter lässt ihre drei Wochen alten Kinder jetzt ab und zu einige Zeit alleine. Dann gehen die Kleinen in der Scheune auf Entdeckungsreise.
Der kleine Kater schleicht einen Tannenzapfen an.

Er bleibt auf dem Bauch liegen, bewegt seinen kleinen dicken Hintern hin und her, um sich dann mit gekrümmtem Rücken und eingezogenem Hals vom Boden abzustoßen. Er krallt sich blitzschnell mit lang gestrecktem Körper in den Tannenzapfen. So übt er das Fangen der Beute.
Wenn Minka von ihren Spaziergängen zurückkommt, bringt sie ihren Kindern tote Mäuse mit.

Dann nimmt die Katzenmutter ihre Kinder zum ersten Mal mit auf einen Spaziergang. Es gibt so viel zu entdecken! Der kleine Kater staunt über eine Hecke mit vielen surrenden Insekten und laut zwitschernden Vögeln.

Er klappert vor Aufregung mit den Zähnen, aber er kann nicht einen einzigen Vogel fangen.

Die Katzenkinder sind jetzt zwölf Wochen alt. Minka verbringt immer weniger Zeit mit ihnen und eines Tages kommt sie gar nicht mehr. Sie ist zu ihrer alten Futterstelle zurückgekehrt. Die Katzenmutter hat ihren Kindern alles beigebracht, was sie zum Überleben brauchen. Der kleine Kater wetzt sich die Krallenhüllen der Vorderpfoten an seinem Lieblingsbaum ab. Da hört er plötzlich über sich Vogelgezwitscher aus einem Nistkasten. Schnell klettert er den Baum hoch und schaut neugierig in den Vogelkasten. Die Vogelmutter pickt ihn in die Nase. Mit erschrecktem Miau springt er auf einen Ast, kann sich aber nicht halten und fällt. Schnell dreht er seinen Körper Richtung Boden, macht einen Buckel und fängt mit ausgestreckten Vorderpfoten und gespreizten Hinterbeinen den Aufprall ab. Dem Kater ist nichts geschehen.

Der kleine Kater genießt seine Freiheit. Tagsüber schläft er viel
und abends bricht er zu langen nächtlichen Spaziergängen auf.
Oft trifft Leo auch auf seine beiden Geschwister und auf die Mutter.
Die Schwestern haben sich schon seit einiger Zeit eine andere
Futterquelle gesucht.

Kater Leo würde auch gerne einen Futternapf finden. Es ist mühsam, alleine für sich sorgen zu müssen. Nicht immer fängt Leo genug Mäuse, um richtig satt zu werden.
Auf einem seiner langen nächtlichen Ausflüge entdeckt er ein Haus. Ganz allein liegt es in den Wiesen. Ob es dort jemanden gibt, der einen kleinen Kater füttert?

Der kleine Kater nähert sich vorsichtig. Vor der Tür des Hauses entdeckt er einen Napf. Er riecht leckeres Futter. Ob er es wagen kann, davon zu probieren? Es ist still im Haus. Niemand ist zu sehen. Leo steckt den Kopf in den Napf und frisst sich satt. So ein Glück!
Er wird sich in der Nähe dieses Napfes eine Schlafstelle suchen. Hier kann er sich ausruhen. Von hier aus kann er seine Streifzüge unternehmen – denn auch Leo ist ein frei lebender Kater und er will es bleiben.

Wissenswertes über frei lebende Katzen

Frei lebende Katzen werden oft durch Menschen gefüttert. Sie bleiben einer Futterstelle treu. Trotzdem gehen sie keine Bindung mit den Menschen ein. Sie finden Unterschlupf in Scheunen, Schuppen und Stallungen. Durch die Jagd auf Mäuse versorgen sie sich zusätzlich mit Nahrung. Diese Beute gibt ihnen lebensnotwendige Vitamine.
Tierschützer fangen frei lebende Katzen ein. Sie lassen sie kastrieren, damit sie sich nicht vermehren. Danach bringen sie sie an ihre Futterplätze zurück.
Katzen, die keine feste Futterstelle haben, durchstreifen als Einzelgänger große Gebiete, um Nahrung zu finden.
Etwa mit einem Jahr wird eine Katze geschlechtsreif. Dann kann sie Babys bekommen. Die Tragezeit beträgt ungefähr 60 Tage.
Die Weibchen können zwei- bis dreimal im Jahr jeweils bis zu 6 Junge zur Welt bringen.
Katzenbabys werden 8 Wochen lang gesäugt. Mit etwa 4 bis 5 Monaten sind die Kleinen selbstständig.
Katzen können bis zu 15 Jahre alt werden – je nachdem auch, wie gut sie gefüttert werden.
Ein Kater wiegt zwischen 2,5 und 6 kg, Weibchen wiegen zwischen 1,5 und 4 kg.

Überall und jederz[eit]

Kurze, fantasievolle Vorlesegeschichten für Kinder ab 4 Jahren im praktischen Softcover: Das Vorleseritual zum Überall-hin-mitnehmen.

Die **LESEMAUS** ist eine eingetragene Marke des Carlsen Verlags.

Sonderausgabe im Sammelband
© Carlsen Verlag GmbH, Postfach 50 03 80, 22703 Hamburg 2014
ISBN: 978-3-551-08969-4
Umschlagkonzeption der Reihe und Illustration der Lesemaus: Hildegard Müller
Umschlagillustration: Susanne Laschütza
Lesemaus-Redaktion: Anja Kunle
Lektorat: Steffi Korda
Lithografie: Zieneke PrePrint, Hamburg
Druck und Bindung: DEAPRINTING, Novara, Italy
Printed in Italy

Janko, das kleine Wildpferd
© Carlsen Verlag GmbH, Hamburg 2002

Finn, der junge Delfin
© Carlsen Verlag GmbH, Hamburg 2012

Von der Raupe zum Schmetterling
© Carlsen Verlag GmbH, Hamburg 2012

Dreihorn, der kleine Dinosaurier
© Carlsen Verlag GmbH, Hamburg 2005

Molli, das kleine Schaf
© Carlsen Verlag GmbH, Hamburg 2008

Kleiner Kater Leo
© Carlsen Verlag GmbH, Hamburg 2003

Alle Bücher im Internet: www.lesemaus.de
Newsletter mit tollen Lesetipps kostenlos per E-Mail: www.carlsen.de

FSC MIX
Papier aus verantwortungsvollen Quellen
FSC® C081623